LE FIL D'ARIANE

AU

MUSÉE NATIONAL DE VERSAILLES,

INDICATEUR COMPLET ET ABRÉGÉ

De l'ordre dans lequel on parcourt toutes les salles et galeries historiques, ainsi que de tous les objets remarquables qu'elles renferment.

A toutes les gloires de la France.

JOURS D'OUVERTURE : SAMEDI, DIMANCHE, LUNDI ET MARDI.

PARIS,
IMPRIMERIE D'A. RENÉ ET Cⁱᵉ,
Rue de Seine, 32.

1840

Les personnes qui voudront se rendre compte exactement de tous les sujets représentés dans ces galeries historiques, connaître la vie des princes, des guerriers, des ministres, de tous les hommes célèbres quelconques, et le détail des faits mémorables, batailles, entrevues, traités de paix, etc., ne pourront mieux faire que de consulter l'ouvrage dont nous transcrivons le titre et qui renferme, dans l'ordre alphabétique si commode pour les recherches, des notions précises sur toutes ces choses.

ENCYCLOPÉDIE DES GENS DU MONDE,

RÉPERTOIRE UNIVERSEL

DES SCIENCES, DES LETTRES ET DES ARTS,

Avec des notices sur les principales familles historiques et sur les personnages célèbres, morts et vivants,

PAR UNE SOCIÉTÉ DE SAVANTS, DE LITTÉRATEURS ET D'ARTISTES FRANÇAIS ET ÉTRANGERS.

Environ 40 volumes (20 tomes) de 400 pages, à deux colonnes sur papier *grand-raisin*.

Prix, 5 fr. le vol. à Paris, et 6 fr. *franc de port* pour les départements.

Vingt-six volumes sont en vente

CHEZ TREUTTEL ET WURTZ, RUE DE LILLE, 17.

Cet ouvrage, dont tous les journaux ont déjà rendu compte, embrasse toutes les matières et tous les pays ; indépendamment des sujets historiques, littéraires et anecdotiques, on y trouvera de précieux renseignements sur les peintres et statuaires notables, tels que Coysevox, Coypel, Lebrun, Ph. de Champagne, Van-der-Meulen, Van-Loo, Mignard, David, Gros, Gérard, Girodet, Hersent, Couder, P. Delaroche, les Vernet, la princesse Marie, duchesse de Wurtemberg, etc, etc., à la palette ou au ciseau desquels sont dus les tableaux et les sculptures les plus remarquables.

Passant sous silence tout ce qui ne concerne pas notre pays, nous ne signalerons expressément qu'un petit nombre d'articles généraux, avec l'indication des auteurs qui les ont fournis.

Gaule, M. de Golbéry, député.
Francs, M. Naudet, de l'Institut.
France, MM. de Sismondi, Dufau et Schnitzler.
Gallicane (Église), M. l'abbé Guillon, évêque de Maroc.
Français (Art), M. Miel.
Françaises (Langue et litt.), Mlle Ozenne et M. Artaud, inspecteur-général des Études.
Députés, M. Taillandier, député.
Charte, M. le comte de Viel-Castel.
Bourgogne, M. de Sismondi.
Champagne, M. de Montrol.
Algérie, *États barbaresques*, M. le baron Walckenaër, de l'Institut.
Croisades, MM. Schlosser et Schnitzler.
États-Généraux, M. Guadet.
Chevalerie, M. Allou.
Fronde, M. Derode.
Guise (Fam. des), M. Am. Renée.
Constituante (Assemblée), M. Capefigue.
Convention nationale, M. Dufau.
Comité de salut public, M. Larévellière-Lépeaux.
Girondins, M. Vieillard.
Brumaire (18) et *Fructidor* (18), par M. Derode.

A propos des nombreux tableaux qui représentent les batailles de Jemmapes, Valmy et tant d'autres, ainsi que les scènes les plus mémorables de la Convention, et les hommes remarquables de la Révolution française, nous ne croyons pas inutile de rappeler au public la belle et importante publication qui se fait en ce moment de l'*Ancien Moniteur*, dans lequel tous les événements de cette grande époque sont retracés jour par jour, officiellement, sans réticence et sans fard, avec la couleur du moment. — Cette réimpression, tout-à-fait textuelle et sans la moindre altération, comprend toute la révolution de 1789 à 1800 ; elle est certainement l'ouvrage le plus utile pour asseoir l'opinion de la postérité sur les causes, les faits, les acteurs et les résultats de cette période si merveilleuse et si tragique de notre histoire.

Pour faciliter l'acquisition à toutes les fortunes, l'ouvrage est divisé en quatre séries, que l'on peut prendre séparément.

1re Série. — ASSEMBLÉE CONSTITUANTE, du 5 mai 1789 au 30 septembre 1791, neuf volumes. . . . . vol. 9

2e Série. — ASSEMBLÉE LÉGISLATIVE, du 1er octobre 1791 au 20 septembre 1792, quatre volumes. . . . 4

3e Série. — CONVENTION NATIONALE, du 31 septembre 1792 au 4 brumaire an IV (26 octobre 1795) douze vol. 12

4e Série. — DIRECTOIRE EXÉCUTIF, du 5 brumaire an IV (27 octobre 1795) au 19 brumaire an VIII (9 novembre 1799), seize volumes. 16

L'*Introduction au Moniteur*, si rare aujourd'hui qu'elle est cotée jusqu'à 200 fr. dans les ventes publiques, et deux volumes de Tables, complètent cette importante collection.

On peut acquérir séparément le volume de l'*Introduction*, des numéros isolés destinés à compléter d'anciennes collections, ou enfin des parties détachées, comme la relation de la prise de la Bastille, des événements des 5 et 6 octobre, des procès du roi, de la reine, des Girondins, des journées de germinal, de prairial, de vendémiaire, etc., etc.

Les prix (*franc de port*) sont ainsi fixés :

Un volume contenant un trimestre (90 nos et leurs suppléments). . . . . 12 fr. 50 c.
Une livraison d'une demi-décade (5 nos et leurs sup.). 75 c.
Un numéro séparé. . . . . 25 c.
Le volume de l'*Introduction* et ceux des Tables, pris séparément, coûtent chacun 20 fr.

Chaque semaine il paraît quatre livraisons : deux de la 1re série (CONSTITUANTE) et deux de la 3e (CONVENTION).

IMPRIMERIE D'A. RENÉ ET Cie, RUE DE SEINE, 32.

MUSÉE NATIONAL DE VERSAILLES.

Le château de Versailles (Seine-et-Oise), la plus brillante résidence royale de l'Europe, était abandonné depuis le 6 octobre 1789. Napoléon lui même, arbitre des rois et dominateur universel, n'avait pas osé s'installer au milieu de ce faste monarchique. Les moyens, plus que la volonté, en manquèrent aux Bourbons après leur retour; à plus forte raison une pareille tentative eût dépassé les forces de la royauté citoyenne dont la révolution de juillet 1830 avait doté la France. Cette royauté comprenait mieux les tendances et les besoins de son époque. Renonçant pour elle à toute cette magnificence, elle voulut cependant conserver au pays l'un de ses plus beaux monuments. Elle en fit le Panthéon français; non pas celui que les passions du jour se disputent, mais celui que les générations respectent, y voyant apposé le sceau de l'histoire. Le Musée national de Versailles est pour ainsi dire le premier-né de cette monarchie nouvelle. *A toutes les gloires de la France*, voilà la belle devise qu'elle lui a gravée sur le front. En effet, leçon vivante d'histoire, illustration pittoresque de nos annales, il doit être plus que cela encore : il doit réconcilier la France avec elle-même, appeler la génération actuelle à juger sans prévention toutes celles qui l'ont précédée, lui montrer que si tous les âges ont eu leurs erreurs, la plupart aussi ont rempli leur mission, et que la plus haute gloire en a marqué quelques-uns. Cette gloire est celle de la France, aussi bien que sa gloire, encore récente, pendant la Révolution et l'Empire. Il appartient au Français libre et revenu de l'exaltation révolutionnaire de ne pas répudier l'une en s'enorgueillissant de l'autre; mais d'apprendre à honorer ce qu'il y a de beau, de grand, de généreux, dans tous les âges de l'histoire nationale.

Telle était la grande idée du roi Louis-Philippe en créant, aux frais de sa liste civile, le Musée de Versailles. C'est à l'occasion du mariage de M. le duc d'Orléans, prince royal, qu'il en fit présent à la nation, qu'il en ouvrit à tous les portes.

Il l'inaugura lui-même le 10 juin 1837. Après avoir réuni autour de sa famille, à laquelle étaient venus se joindre le roi et la reine des Belges, l'élite de la nation, les deux chambres, les autorités supérieures, la haute magistrature, les premiers dignitaires de l'armée, les hommes les plus notables dans les lettres, les sciences et les arts, les principaux officiers de la garde nationale des départements de la Seine et de Seine-et-Oise, il conduisit dans toutes les salles et galeries ces représentants du pays, auquel, pour ainsi dire, il fit la remise de ce précieux dépôt entre leurs mains.

Cette promenade historique, répétée quelques heures plus tard, à la lueur des flambeaux, fût suivie d'un banquet où s'assirent quinze cents personnes. Vingt-huit tables étaient dressées dans la grande galerie de Louis XIV (p. 17), et dans les salons de la Guerre, d'Apollon, de Mercure et de Mars; celle du Roi et de la Reine était de six cents couverts; les autres étaient présidées par les princes et par de hauts dignitaires du royaume.

Un spectacle donné dans la salle de l'Opéra, restaurée comme tout le reste, termina la fête : on représenta *le Misanthrope* de Molière, et *Robert-le-Diable* de Meyerbeer, accompagnés d'un intermède en l'honneur de Louis XIV.

Depuis cette journée mémorable, le Musée est

ouvert au public, et tous les jours il se pare de nouvelles richesses.

De la Place d'Armes de Versailles, une belle grille donne entrée sur la Cour du château ou *Cour royale*. De beaux groupes en marbre, par Coysevox, Girardon, etc., décorent cette entrée. Des deux côtés de la cour sont placées les statues colossales en marbre de Suger, Duguesclin, Bayard, Sully, Richelieu, Colbert, Condé, Turenne, Duquesne, Tourville, Duguay-Trouin, Suffren, Jourdan, Masséna, Lannes, Mortier. Au milieu s'élève la statue équestre du *grand roi*, en bronze, par Cartellier et Petitot, fondue par Crozatier.

Le fond de la cour, entouré du petit palais de Louis XIII, que Louis XIV, par respect pour son père, a conservé et encadré dans son château à proportions colossales, est la *Cour de Marbre*. En s'élargissant entre les deux ailes d'architecture moderne qui prolongent celles du petit palais et forment un contraste frappant avec sa couleur de brique et son architecture mesquine, elle prend le nom de *Cour des Ministres*. Celle-ci aboutit à la Cour royale, et se confond avec elle.

Les deux principales entrées du Musée sont en dehors de ces deux cours. On arrive à l'une ou à l'autre, en laissant à droite ou à gauche celle des Ministres. Ce sont les deux porches conduisant au Parc, celui *de la Chapelle* à droite, et celui *de la Cour des Princes* à gauche. On peut choisir l'une ou l'autre indistinctement.

C'est par le porche de la Cour des Princes que nous entrons, décidés à parcourir toutes les galeries dans l'ordre qui est tracé au public, et que les laquais de service sont chargés de maintenir.

<small>Pour mieux orienter notre lecteur, nous mettrons en chiffres arabes les numéros des salles du rez-de-chaussée et de l'attique, et en chiffres romains ceux des salles du premier étage.</small>

PREMIÈRE DIVISION.

Portraits. Galerie des Amiraux de France, des Connétables et des Maréchaux.

(Centre du Château, rez-de-chaussée.)

Arrivé sous le porche, on entre à droite. Dans un premier vestibule, on voit quelques bustes, entre autres celui de Voltaire ; le second, pavé en bois, renferme des bustes et des statues (Mortier, Lobau, Danrémont, en pied ; bustes Talleyrand, de Rigny, etc.) ; le troisième est également orné de bustes et de statues, entre autres de celle de Henri IV.

Les croisées des salles n°s 1-7 regardent le parterre du Midi ; n°s 7-15 forment la façade avancée du centre, le long de la Terrasse ; n°s 15-20 regardent le parterre du Nord.

1. *Grands-Amiraux de France*, au nombre de 63, depuis Florent de Varennes (sous saint Louis) jusqu'à Joachim Murat. Grand portrait en pied, par Steuben, d'Anne d'Autriche, reine-régente, grand-maître, chef et surintendant-général de la navigation et commerce de France.

2. *Connétables*, au nombre de 39, depuis Albéric jusqu'à Lesdiguières. Au fond de la salle sont les portraits à cheval du comte de Sancerre, et d'Olivier de Clisson ; les portraits en pied de Philippe d'Artois comte d'Eu, de Duguesclin, de Luxembourg et de Saint-Paul.

3. *Maréchaux de France*. Comme pour les connétables, il y en a deux collections distinctes, l'une en pied, l'autre en buste ; les noms de ceux dont

on n'a pas trouvé de portraits sont inscrits sur de simples écussons. En tout 299 maréchaux.

Grande salle. Sur le mur du fond on voit les portraits à cheval de Pierre de Rohan, de J.-J. Trivulce, de J. de Chabannes, d'André de Laval, les portraits en pied de Xaintrailles, de Philippe de Crèvecœur, d'Odet de Foix.

4. *Maréchaux de France.* Au milieu, Ch. de Cossé, duc de Brissac.
5. *Maréchaux de France.* Turenne en pied.
6. *Maréchaux de France*, espèce de petite bibliothèque. Portrait à cheval du comte de Rantzau, jambe de bois, œil crevé.
7. *Maréchaux de France.* Salle du coin.
8. *Maréchaux de France.* Portrait à cheval de Henri, duc de Montmorency et du duc de Luxembourg.
9. *Maréchaux de France.* Au milieu, Vauban, en pied.
10. *Rois de France*, 72 portraits en buste, ou cadres de portraits. Le premier de ceux qui s'y trouvent réellement est Childebert Ier; Louis-Philippe est le dernier. Au milieu de la salle est une petite statue équestre de Henri IV, en bronze.
11. *Vestibule de Louis XIII*, revêtu en marbre blanc, avec colonnes de marbre en couleur. Quatre statues en marbre : L'Hospital, Bossuet, Fénélon, d'Aguesseau.

Autour de ce vestibule, au fond de la Cour de Marbre, sont les *Salles des résidences royales* (Versailles, Marly, Saint-Cloud, Fontainebleau, les Tuileries et autres vues de Paris, etc. Le carrousel dans la cour des Tuileries (5 juin 1662), auquel la place a dû son nom. Ces tableaux sont de Van der Meulen, de Cottel, de Martin, d'Allégrain ; et les *Salles des marines* (Malaga, Ouessant, Navarin, prise d'Alger, etc.), par Crépin, Gilbert, Garneray, Gudin, Langlois.

12. *Galerie de Louis XIII*, ornée des statues de ce roi et d'Anne d'Autriche. Longue salle à neuf croisées donnant sur le parc, au milieu du corps principal (centre). Grands tableaux : Bataille de Rocroy (19 mai 1643), par Schnetz. — Louis XIV entrant à Dunkerque (1658), par Van der Meulen et Ch. Lebrun. — Entrevue de Louis XIV et de Philippe IV, roi d'Espagne, accompagné de sa fille, à l'île des Faisans (1660), par Ch. Lebrun. — Réparation faite à Louis XIV au nom de Philippe IV (1662), d'après Ch. Lebrun. — Réparation faite à Louis XIV au nom du pape Alexandre VII (1664), d'après Ch. Lebrun. — Reddition de la citadelle de Cambray (1677), d'après Testelin et Van der Meulen.

13. *Maréchaux de France*. Maurice de Saxe, etc.

14. *Maréchaux de France*. Rohan-Soubise, Broglie, Contades, d'Estrées, de Richelieu, etc.

15. *Maréchaux de France*. Rochambeau, Luckner, Berthier, etc. Salle du coin.

16. *Maréchaux de France*. Bessières, Davoust, Ney, Mortier, etc.

17. *Maréchaux de France*. Salle avec un petit portique en marbre rouge au milieu. Poniatowski, Lefebvre, Suchet, Gouvion-Saint-Cyr, etc., etc.

Portraits en buste d'anciens maréchaux du dix-septième et du dix-huitième siècle.

18. *Maréchaux de France.* Molitor, Lobau, Gérard, Clauzel, Maison, Duperré, Vallée, etc.

19. *Guerriers célèbres.* Philippe-le-Hardi, duc de Bourgogne (†1404) Jean-sans-Peur, son fils; Louis de France, duc d'Orléans (†1407); Dunois; Tanneguy-Duchâtel; Lahire; Bayard; Guise; le brave Crillon, etc.

20. *Guerriers célèbres.* Philippe II, duc d'Orléans, régent; le duc de Vendôme, à cheval; Eugène Beauharnais, *id.*; Kléber; Carnot, etc. Le dernier de la série est Lafayette.

Vestibule de sortie donnant sur la Cour des Ministres d'un côté, et de l'autre sur le porche de la Chapelle. Ici est l'escalier de la page 16, au haut duquel sont les deux tableaux du cortége de Méhémet-Effendi. Ce vestibule est orné de bustes nombreux de généraux tués en combattant pour la France.

On traverse le porche pour passer au vestibule en face, qui est l'autre grande entrée par laquelle le public est admis. On peut aussi commencer ici.

DEUXIÈME DIVISION.

Première Galerie de l'histoire de France.

(Aile du nord, rez-de-chaussée.)

On entre à droite, sous le porche de la Chapelle, par le vestibule où se trouve le bas-relief représentant Louis XIV au passage du Rhin à Tolhuys (1672).

Entrée de la magnifique CHAPELLE. Pavé en mosaïque et en marbre; vitraux en couleurs; peintures de la voûte par Coypel, Lafosse, Jouvenet, Bon Boullogne, etc., représentant le trône du Père éternel entouré de toutes les puissances des cieux. La *Résurrection* de Lafosse, et autres tableaux. Tribune royale au premier.

Enfilade de onze salles, du côté du parc. Médaillons et autres petits tableaux sur les portes, etc.

1. Clovis recevant le baptême (496), par Dejuine. — Charlemagne dictant les Capitulaires (779), par Ary Scheffer. — Saint Louis rendant la justice sous le chêne de Vincennes, par Rouget. — Saint Louis reçoit à Ptolémaïs les envoyés du Vieux de la Montagne (1251), par Rouget. — Saint Louis médiateur entre le roi d'Angleterre et ses barons, par Rouget. — Mort de saint Louis devant Tunis (25 août 1270), par Rouget, etc.

2. Les Anglais déposant les clés du château de Randan sur le cercueil de Duguesclin, par Brenet. — Sacre de Charles VII à Reims (1429), par Vinchon. — Bataille de Bratelen ou de Saint-Jacques (1444), par Alfred Johannot, etc.

3. Entrée de l'armée française à Bordeaux, en 1451, par Vinchon. — Bataille de Fornoue (1495), par Féron. — Clémence de Louis XII (1498), par Gassies. — Ce roi vainqueur à la Bataille d'Agnadel (1509), par Jollivet. — Bayard blessé à la prise de Brescia (1512), par Larivière, etc.

4. Gaston de Foix tombant vainqueur à Ravennes (1512), par Ary Scheffer. — Camp du Drap-d'Or (1520), par Debay fils. — François Ier et Charles-Quint visitant Saint-Denis (1540), d'après Gros. — Bataille de Cérisolles gagnée (1544) par le comte d'Enghien, par Schnetz, etc.

5. Henri III fondant l'ordre du Saint-Esprit (1579), par Van Loo. — Henri IV devant Paris (1590), par Rouget, etc.
6. Louis XIV reçoit son frère, le duc d'Orléans, chevalier du Saint-Esprit (1654), par X. Dupré, d'après Ph. de Champagne, etc.
7. Passage du Rhin (12 juin 1672), par Testelin, d'après Ch. Lebrun; tableaux de Van der Meulen et de Martin.
8. Siége de Maëstricht (1673), par Van der Meulen. — Reddition de la citadelle de Cambrai (1677), par Lebrun et Van der Meulen.—Combat de Leuze (1691), par Parrocel. — Prise de Lérida (1707), par Couder. — Camp de l'armée française entre Saint-Sébastien et Fontarabie (1719), par Martin, etc.
9. Réception de Méhémet-Effendi (1721), par Parrocel.—Sacre de Louis XV à Reims (1722), par Martin.—Siége de Fribourg (1744), par Lenfant. — Prise de Menin (1744), par Lenfant, etc.
10. Bataille de Fontenoy (1745), par Lenfant. — — Même sujet, par Pegna. — Siége de Namur (1746), par Parrocel. — Bataille de Lawfeld, (1747), par Parrocel. — Même sujet, par Pegna.
11. Siége de Tournay (1745), par Parrocel fils. — Voyage de Louis XVI à Cherbourg (1786), par Crépin. — Louis XVI distribuant des secours aux malheureux, pendant l'hiver de 1788, par Hersent, etc.

<small>La salle n° 11 aboutit à un vestibule orné de bustes. On laisse</small>

à gauche l'escalier du Nord qui mène au premier et aboutit au n° X, de la p. 12.

Première Galerie des statues et des tombeaux, côté opposé au parc. Au milieu est le monument du cardinal de Birague (†1583), et celui de Valentine Albiano, sa femme. — L'escalier en face, neuf et orné de statues, mène à la nouvelle salle de Constantine (p. 15); et des deux côtés, de plain-pied avec la galerie, est la

Salle des Croisades. Les Croisés au Saint-Sépulcre (1099), par Marquis. — Godefroy de Bouillon tenant les premières assises à Jérusalem (1100), par Jollivet. — Villehardouin demande à Venise des vaisseaux pour embarquer les Croisés (1201), par Renoux. — On voit dans cette salle les portes de l'Hôpital de Rhodes, en bois de cèdre sculpté, transférées en France par M. le prince de Joinville.

Statues et bustes des rois de France depuis Clovis, de sainte Geneviève, de la dame de Beaumont, du cardinal Georges d'Amboise, du connétable Anne de Montmorency, etc., etc.

Rentré au vestibule de la Chapelle, on prend à gauche un petit escalier nouvellement achevé qui conduit au premier.

TROISIÈME DIVISION.

Deuxième Galerie de l'histoire de France.

(Premier étage, côté du parc.)

Vestibule en marbre qui précède la tribune de la Chapelle (p. 7). Sans passer devant, on entre dans les salles à droite, du côté du parc.

I. Bonaparte et les pestiférés de Jaffa, par Gros.— Bataille des Pyramides (1798), par Hennequin. — Combat de Benouth (1799), par Ch. Langlois.

II. Bonaparte visitant l'hospice du Saint-Bernard (20 mai 1800), par Lebel.—Reprise de Gênes par les Français (1800), par Hue. — Bonaparte au camp de Boulogne (1804), par Hue. — Bivouac de l'armée française la veille de la bataille d'Austerlitz (1er décembre 1805), par Bacler d'Albe.

III. Le Sénat reçoit les drapeaux pris dans la campagne d'Autriche (1806), par Regnault.—Entrevue de Napoléon et du prince primat à Aschaffenbourg (1806), par Bourgeois. — Napoléon au tombeau du grand Frédéric (1806), par Camus. — Les Français démolissent la colonne de Rossbach (1806), par Vafflard. — Entrée des Français à Dantzig (1807), par Ad. Rœhn. — Hôpital militaire des Français et des Russes à Marienbourg (1807), par Ad. Rœhn.

IV. Napoléon ordonne de jeter un pont sur le Danube (1809), par Appiani.— Combat et prise de Ratisbonne (1809), par Thévenin. — Combat et prise de Landshut (1809), par Hersent.

V. Bataille de Wagram (1809), par Bellangé. — Napoléon blessé devant Ratisbonne (1809), par Goutherot. —Napoléon dans l'île de Lobau, après la bataille d'Essling (1809), par Meynier. — Mariage de Napoléon et de Marie-Louise (1810), par Rouget.—Siége de Lérida (1810), par Remond.— Défense du château de Burgos (1812), par Heim.

VI. Bataille de Smolensk (17 août) et Bataille de la Moskowa (7 sept. 1812), par Langlois.
VII. Bataille de Lützen (2 mai 1813), par Beaume. Bataille de Hanau (30 octobre 1813) par Féron, d'après H. Vernet. — Bataille de Montmirail (11 févr. 1814) par Henry Scheffer, d'après H. Vernet.
VIII. Louis XVIII aux Tuileries (1814), par Marigny, d'après Gérard.—Louis XVIII quitte le palais des Tuileries (1815), par Gros. — Prise de Pampelune (1823), par Carle Vernet.—Prise du Trocadéro (1823), par Paul Delaroche.—Attaque et prise du fort de l'île Verte (1823), par Gilbert.
IX. Sacre de Charles X à Reims (29 mai 1825), par Gérard.—Charles X passant en revue la garde nationale (après son retour à Paris), par H. Vernet.— Charles X passant en revue la garde royale, par Gros. — Bataille de Navarin (20 octobre 1827), par Garneray.—Débarquement de l'armée française à Sidi-Ferruch, en Algérie (14 juin 1830), par Gudin.
X. La Chambre des Députés présente au duc d'Orléans sa déclaration.—La Chambre des Pairs, *id.*, par Heim. — Le duc d'Orléans part du Palais-Royal pour se rendre à l'Hôtel-de-Ville (31 juillet 1830), par H. Vernet.

Escalier conduisant au second. Au haut de l'escalier deux statues peintes, agenouillées devant un prie-dieu : ce sont Ph. de Comines et sa femme.

QUATRIÈME DIVISION.

Première Galerie des portraits divers
(jusqu'en 1792.)

(Attique, aile du nord.)

1. A droite de l'escalier, première salle, petite et irrégulière, renfermant une collection d'académiciens, de littérateurs, de savants, d'artistes : Corneille, Racine, Boileau, etc., etc. Ces portraits tapissent les murs, sans laisser d'intervalle.
2. Grande Salle. Dans son milieu sont placées des statues peintes, en prière. Médailler français (depuis 1300), dans les croisées. — Portraits de Louis XI, roi de France; de Philippe-le-Bon et de Charles-le-Téméraire, ducs de Bourgogne; de Jean II, duc de Bavière, et de sa femme; de Juvénal des Ursins. Un tableau très curieux représente toute la famille des Ursins en dévotion.
3. Portraits du connétable de Montmorency, en pied; d'Albert VII d'Autriche (souverain des Pays-Bas) et de sa femme (*id.*)—Le peintre Othon Venius et sa famille. — Bal donné à la cour de Henri III, etc.
4. Anne d'Autriche, en pied; le cardinal de Richelieu (*id.*); Charles Ier, roi d'Angleterre (*id.*); Van Dyck, etc. — Louis XIV enfant avec son frère et leur gouvernante, la duchesse de Randan.
5. Gaston d'Orléans († 1660); Louis II, prince de Condé († 1686); le peintre Sébastien Bourdon; Arnauld d'Andilly, etc.

6. Grande salle. Louis XIV (en pied et en buste) ; le grand Dauphin ; la duchesse de Montpensier († 1693) ; Fr. Mansart, avec Claude Perrault ; madame de Sévigné et sa fille, etc.
7. *Idem.* Bossuet (en pied) ; le grand Dauphin ; la duchesse de Bourgogne avec Madame de Maintenon (*id.*) ; Cornelius Tromp ; Racine ; Mignard ; Mansart ; Girardon ; Perrault ; Sophie Alexéïevna, grande-duchesse de Russie et régente († 1704), etc.
8. *Id.* (formant, du côté du parc, l'angle du centre avec l'aile du nord). Philippe d'Orléans, régent ; Louis XV enfant, sur le trône ; Balthazar Keller ; Rigaud ; Jouvenet ; Coypel, etc.
9. Charles XII, portrait qu'on dit unique ; Ulrique Éléonore en habits d'homme ; Philippe d'Orléans, régent ; l'ambassadeur turc Méhémet-Effendi, etc.
10. Longue galerie. Stanislas Ier, roi de Pologne ; Frédéric-Auguste II, roi de Pologne ; Élisabeth Pétrovna et Catherine II, impératrices de Russie ; Frédéric II, roi de Prusse ; G. Washington ; Marie Leszczynska ; Marie-Antoinette. — Familles de Louis XV et de Louis XVI ; le cardinal de Fleury ; le chancelier d'Argenson († 1764) ; l'abbé Terray ; Voltaire, etc.
11. Cabinet du coin. Louis XVI, Louis XVIII et Charles X (jeunes) ; le roi de Sardaigne Victor-Amédée III et sa femme.

Escalier pour descendre au premier.

CINQUIÈME DIVISION.

(Premier étage, côté opposé au parc.)

La porte à gauche, en entrant, mène au Théâtre (grande et belle salle terminant l'aile du Nord.)

Deuxième Galerie des statues et des tombeaux. Cette galerie est ornée du mausolée du cardinal Mazarin, par Coysevox; des monuments du duc de Montpensier († 1807), et du duc de Beaujolais († 1808), par Pradier.

Rois de France jusqu'à Louis XVI : Dagobert; Charles V; Charles VII; Louis XI, etc.; Suger; Joinville; JEANNE D'ARC, par la princesse Marie, duchesse de Wurtemberg; Montmorency, etc.

En face du Mausolée de Mazarin, sans le pavillon de Noailles, est la *Salle de Constantine.* — Siége de cette ville (10-13 octobre 1837), triple tableau par H. Vernet : 1° l'ennemi repoussé des hauteurs de Coudiat-Ati; 2° les colonnes d'assaut se mettent en mouvement; 3° les colonels Combes et Lamoricière conduisent les troupes à la brèche (toile énorme).

On rentre dans la galerie, et de celle-ci au grand vestibule de la tribune de la Chapelle, qu'on quitte ayant ainsi parcouru tout l'ensemble de l'aile du Nord.

SIXIÈME DIVISION.

Anciens grands appartements.

1. *Salon d'Hercule* (donnant sur le parc et sur la cour de la Chapelle). Magnifique plafond de Lemoine.

Les salles II-VIII regardent le parterre du Nord; VIII, IX et XIII forment la façade avancée du côté de la Terrasse; XIII-XVII regardent le parterre du Midi.

II. *Salon de l'Abondance* (à gauche, pièces qui renferment les gouaches). Tableaux de Van der Meulen.

On entre ici dans la *Salle des États-Généraux* donnant sur la cour intérieure.— Louis XII présidant les Etats-Généraux (1506), par Bézard. — Ouverture des États-Généraux à Versailles (5 mai 1789), par Couder.

Fresques au-dessus de la corniche se rapportant aux mêmes assemblées.

Escalier qui descend à l'un des vestibules du porche de la Chapelle (voy. p. 7). On ne descend point. Autour sont deux grands tableaux : Méhémet-Effendi arrivant à l'audience du Roi, et Méhémet-Effendi en sortant.

III. *Salon de Vénus.* Groupe des trois Grâces, par Pradier. Plafond et tableaux par Houasse et autres élèves de Lebrun.

IV. *S. de Diane.* Buste de Louis XIV, par le Bernin.

V. *S. de Mars.* Portrait de Louis XIV, par Rigaud. Plafond d'Audran. Tableaux de Lebrun, de Ph. de Champagne et de Van der Meulen. — Le sacre de Louis XIV à Reims (1654), par Ph. de Champagne; son Mariage avec Marie-Thérèse d'Autriche (1660), par Ph. de Champagne.

VI. *S. de Mercure.* Plafond de Ph. de Champagne. Fondation de l'Observatoire, par Ch. Lebrun. — Portraits.

VII. *S. d'Apollon* ou *du Trône.* Tableaux de Van der Meulen.—Prise de possession de Douai, de Tournay, de Mons. — Portraits.

VIII. *Salon de la Guerre.* Sur la cheminée, bas-relief représentant Louis XIV à cheval, couronné par la Victoire. — Plafond et peintures de Lebrun.

IX. GRANDE GALERIE, par Mansard. Elle est toute revêtue de marbres et de glaces, et a 222 pieds de long, sur 32 de large et 40 de haut. Dix-sept grandes croisées donnent sur le parc; en face sont autant de glaces. Plafond magnifique de Lebrun, représentant l'histoire et l'apothéose de Louis XIV en neuf grands et dix-huit petits tableaux. Des colonnes en marbre et des candélabres en bronze doré ornent la salle dans toute sa longueur, et dans les niches sont des statues en marbre de plusieurs dieux du paganisme.

De la Galerie, on entre à gauche dans une partie de l'appartement particulier du Roi.

X. *Cabinet du Roi.* Horloge d'un mécanisme admirable.

XI. *Chambre de Louis XIV.* Plafond de Paul Véronèse. — Des deux côtés du lit : Saintes familles de Raphaël et du Dominicain.

Cette pièce est tout au fond de la Cour de Marbre, juste en face de l'avenue.

XII. *OEil-de-Bœuf.*

Anciens petits appartements de la reine Marie-Antoinette.

On rentre dans la Grande Galerie.

XIII. *Salon de la Paix.* Bas-relief sur la cheminée. La Paix offre l'olivier à Louis XIV à cheval, par

Fr. Lemoine. — Peintures par Lebrun, plafond et autres.

XIV. *Chambre à coucher de la Reine.* Tableaux : Siége de Lille. — Établissement de l'Hôtel royal des Invalides (1674).

XV. *Salon de la Reine* ou *de Mercure.* Grand tableau : Louis XIV visitant la manufacture des Gobelins.

XVI. *Salon du grand Couvert de la Reine.* Portrait de Louis XIV à cheval. — Louis XIV présentant le duc d'Anjou (Philippe V) aux envoyés d'Espagne (1700), par Gérard.

XVI. *Salle des Gardes de la Reine.* Au milieu, statue de Diane chasseresse, par Coysevox. — Peintures de Noël Coypel. — La famille du grand Dauphin, d'après Mignard. — Portrait de la duchesse de Bourgogne.

Ici se trouve le superbe Escalier de Marbre donnant sur la cour de ce nom, entrée principale du Château.

SEPTIÈME DIVISION.

Révolution et Empire.

Salle du Sacre, ancienne *grande salle des Gardes.* Elle est toute dorée ; plafond voûté avec belles dorures. Sur les quatre portes on voit quatre figures allégoriques en pied : Le Génie, le Courage, la Force, la Vigilance, par Gérard. — Couronnement de l'empereur Napoléon à Notre-Dame (2 décembre 1804), et Distribution des Aigles ou des Drapeaux, par David. — Bataille d'Aboukir (25 juillet 1799), par Gros.—Portraits du général Bonaparte, de l'empereur Napoléon, de Joséphine et de Marie-Louise.

Autour de la Salle du Sacre sont les *Salles des Campagnes des armées républicaines* de 1792 à 1795. — Prise du camp de Perulle (1793), par Ad. Rœhn.—Bataille de Watignies (1793), par Lamy. —Reprise de Toulon sur les Anglais (1793), par Péron. — Bataille de Hondschoote (1793), par Lamy.—Bataille de Fleurus (1794), par Bellangé. —Bataille de Turcoing (1794), par Jollivet.

Salle du Départ ou *de* 1792 (anciennement *des Cent-Suisses*). Batailles de Valmy, de Jemmapes. — Portraits : Rochambeau ; Custine ; Biron ; Luckner ; Dumouriez ; Lafayette ; duc de Chartres, etc., etc.

On entre à gauche, en montant quelques marches, dans les *Salles des Gouaches et des Aquarelles*, basses, nombreuses, faisant partie du vieux Château, entre la grande cour et une cour latérale, et où l'on voit aussi peints, dans de petits cadres, les uniformes de toute l'armée française. —Campagnes républicaines, collection précieuse de gouaches remarquables par leur exactitude stratégique, commencée par Bagetti, continuée par Morel, Puissant et Siméon Fort.

Grand vestibule de marbre où débouche du porche de la Cour des Princes un grand escalier, avec statues en marbre. Celle de Louis-Philippe est au milieu du palier ou vestibule.

HUITIÈME DIVISION.

Troisième Galerie de l'histoire de France.

(Aile du midi, premier étage, côté du parc.)

I. GRANDE GALERIE DES BATAILLES, ou Galerie Louis-Philippe, car c'est le Roi qui l'a fait construire, sous la direction de Fontaine et de Nepveu.

Elle reçoit le jour par sa couverture vitrée et par les croisées qui, au milieu, sous une belle colonnade de granit poli, donnent sur le parc. Des tables de marbre, aux deux côtés des croisées, rappellent les noms des principaux maréchaux, généraux et guerriers morts pour la patrie. Dans toute la longueur de la salle sont placés des bustes en marbre de guerriers.

Clovis invoquant le dieu des chrétiens à la bataille de Tolbiac (496), par Ary Scheffer. — Charles Martel à la bataille de Poitiers (732), par Steuben. — Charlemagne reçoit à Paderborn la soumission de Witikind (785), par Ary Scheffer. — Eudes, comte de Paris, fait lever le siége de cette ville (888), par Schnetz.—Bataille de Bouvines (27 juillet 1214), par H. Vernet. — B. de Taillebourg, gagnée par saint Louis (21 juin 1242), par Eugène Delacroix. — (1) * B. de Mons en Puelle, gagnée par Philippe-le-Bel (1304), par Champmartin. — B. de Cassel, gagnée par le même (23 août 1328), par Henry

---

(1) Les tableaux marqués d'un astérisque ne sont pas encore en place, fin juillet 1840.

Scheffer. — B. de Cocherel, gagnée par Duguesclin (16 mai 1364), par Larivière. — *Levée du siége d'Orléans (1428), par H. Scheffer. — Bataille de Castillon, gagnée par Charles VII, et mort de Talbot (17 juillet 1453), par Larivière. — Entrée de Charles VIII à Naples (1495), par Féron. — Bataille de Marignan, gagnée par François Ier (13 et 14 sept. 1515), par Fragonard. — Prise de Calais par Fr. duc de Guise (1er janvier 1558), par Picot. — Entrée de Henri IV à Paris (22 mars 1594), par Gérard. — * Bataille de Rocroy (12 mai 1643), le duc d'Enghien, par Heim. — * B. de Lens, Condé, (20 août 1648), par Franque. — B. des Dunes, Turenne (14 juin 1658), par Larivière. — Valenciennes prise d'assaut par Louis XIV (17 mars 1677), par Alaux. — Bataille de Marsaille, Catinat (4 oct. 1693), par Deveria. — B. de Villaviciosa, le duc de Vendôme présente à Philippe V les drapeaux pris (10 octobre 1710), par Alaux. — B. de Denain, gagnée par le maréchal de Villars (4 juillet 1712), par Alaux. — B. de Fontenoy, maréchal de Saxe, (11 mai 1745), par Horace Vernet. — B. de Lawfeldt, Louis XV et le maréchal de Saxe (2 juillet 1747), par Couder. — L'armée française, commandée par Rochambeau, à la prise de Yorktown (19 oct. 1781), par Couder. — Bataille de Fleurus, Jourdan (26 juin 1794), par Mausaisse. — B. de Rivoli (14 janvier 1797),

Masséna, par L. Cogniet. — B. de Zurich, Masséna, (25 sept. 1799), par Bouchot. — B. de Hohenlinden, Moreau (3 déc. 1800), par Schopin.—B. d'Austerlitz, Napoléon, (2 déc. 1805), par Gérard. — B. d'Iéna, (14 oct. 1806), un soldat de la garde crie: En avant! par H. Vernet.— B. de Friedland (14 juin 1807), H. Vernet.—B. de Wagram (6 juill. 1809), H. Vernet.

II. *Salle de* 1830, au bout de l'aile du nord. Plafond de Picot: La Liberté s'appuyant sur la Force et sur la Justice.—Grand tableau: Le duc d'Orléans Louis-Philippe se rendant à l'Hôtel-de-Ville, par Larivière.—Lecture à l'Hôtel-de-Ville de la déclaration des députés, par Gérard.—Le Roi prêtant serment à la Charte, par Deveria. — Le Roi recevant le régiment des hussards de Chartres, etc., etc.

Troisième Galerie de sculpture (époque de Louis XIV). Portraits et bustes de Henri IV; Sully; Richelieu; Louis XIV; Condé; Turenne, etc., etc. — Maréchaux, amiraux, etc.—A l'entrée, à droite, est l'escalier qui conduit aux nouvelles galeries de portraits à l'étage de l'Attique.

NEUVIÈME DIVISION.

Deuxième Galerie des portraits divers
(depuis 1790).

(Attique, côté de la Cour de la Surintendance.)

1. François Ier à cheval, le casque en tête; Charles-le-Téméraire, en pied, etc.

2. Longue Galerie. Henri IV à cheval; le chancelier Mathieu Molé; Louis XV; la reine Marie Lesczinska; Marie-Antoinette; Auguste III, roi de Pologne; Frédéric II, grand portrait en pied, etc.
3. Georges Washington; le duc de Beaujolais et le duc de Montpensier; Charles Bonaparte; le cardinal Fesch; Napoléon; Paul Ier, empereur de Russie, petit portrait en pied, bien laid; Selim III.
4. Longue Galerie. Napoléon, sa mère, ses frères et sœurs; Jérôme Bonaparte, à cheval, par Gros; Marie-Louise, en pied; Naissance du roi de Rome; prince de Talleyrand; Lebrun; Laplace; Feth-Ali, shah de Perse (ce portrait paraît fait en Perse); sultan Mahmoud II; Louis XVIII; Charles X; le duc et la duchesse d'Angoulême; la duchesse de Berry; Madame de Genlis; le général Foy, etc., etc.
5. Petit Cabinet au fond. — Le pape Léon XII porté dans la basilique de Saint-Pierre à Rome, par H. Vernet. — Collection de petites figures historiques.

DIXIÈME DIVISION.

Galerie Napoléon.

(Aile du midi, rez-de-chaussée, côté du parc.)

Douze salles, dont chacune est désignée par un millésime, de 1796 à 1809. Nous n'en indiquerons que quelques-unes. — Médaillons et autres ornements sur les portes et entre les croisées.

1797. Paix de Léoben, par Lethière.

1799. Bataille des Pyramides, par Gros. — Révolte du Caire, par Girodet.

1803. Napoléon à Anvers, par Van Brée.

1804. Napoléon au camp de Boulogne, par Hennequin. — Napoléon reçoit le Sénatus-Consulte qui le proclame empereur (18 mai 1804), par Rouget.

1805. Reddition d'Ulm, par Thévenin. — Napoléon rend honneur au courage malheureux, par Debret.

1807. Mariage du roi Jérôme, par Regnault.

1810. Mariage de Napoléon avec Marie-Louise, par Rouget.

Ces douze salles sont séparées entre elles, au milieu, par un vestibule à colonnes où l'on voit la statue de Napoléon en bronze.

Salle de Marengo (la plus grande de cette aile, au rez-de-chaussée). — Le premier consul franchit les Alpes, par David. — Tableau de la bataille (14 juin 1800), par Carle Vernet.

Troisième Galerie de sculpture, de 100 mètres de longueur. — Statues et bustes des généraux célèbres, de 1790 à 1815. — Statue assise de Hoche (en costume romain), etc.

www.ingramcontent.com/pod-product-compliance
Lightning Source LLC
Chambersburg PA
CBHW060917050426
42453CB00010B/1774